<u>Edmond HUGUES</u>

Alexandre CORRÉARD

DE SERRES

Naufragé de la " Méduse "

GAP

IMPRIMERIE L. JEAN & PEYROT, AVENUE DE PROVENCE, 6

—

1920

EDMOND HUGUES

Alexandre CORRÉARD

DE SERRES

Naufragé de la " Méduse "

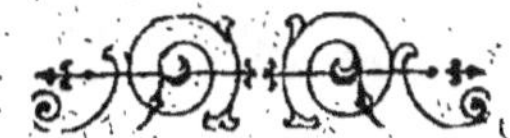

GAP

IMPRIMERIE L. JEAN & PEYROT, AVENUE DE PROVENCE, 6

1920

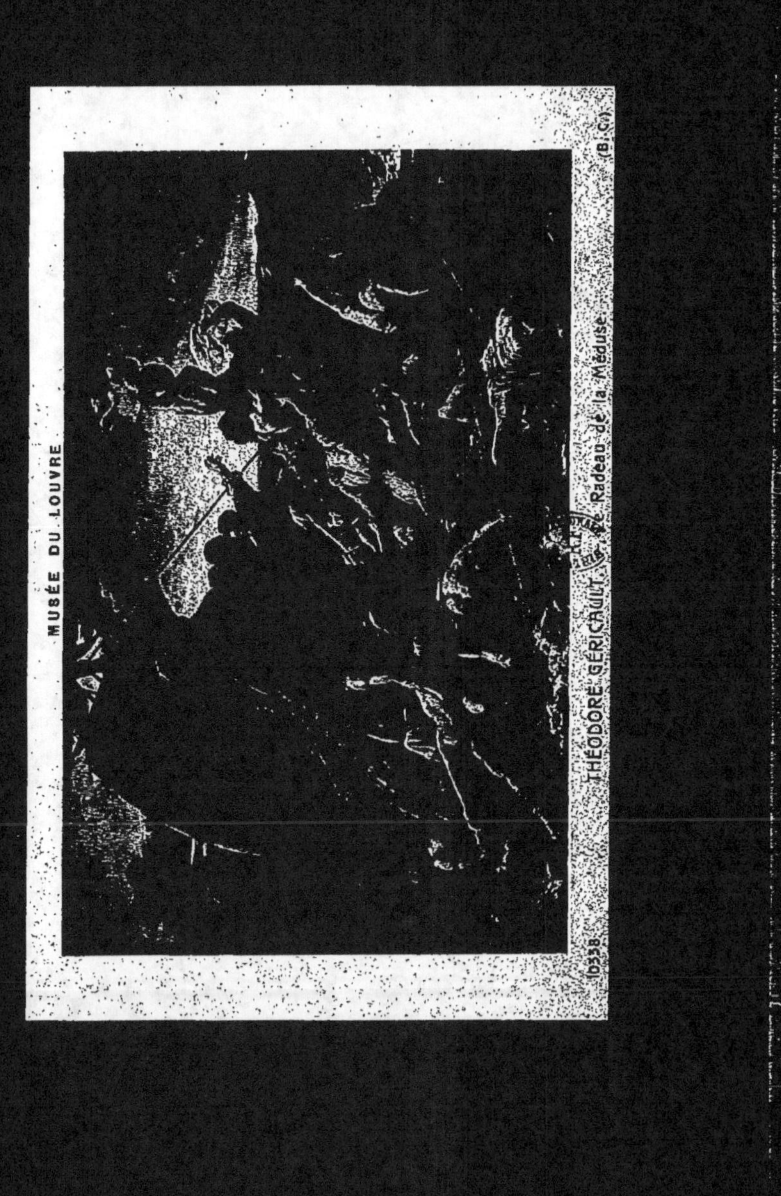

MUSÉE DU LOUVRE

THÉODORE GÉRICAULT — Le Radeau de la Méduse

6538 (B.C.)

Alexandre CORRÉARD

DE SERRES

Naufragé de la « Méduse »

Par M. Edmond HUGUES

Qui n'a pas entendu parler du naufrage de la *Méduse* ?
Parmi les tragédies maritimes, si l'on excepte la destruction de la *Lusitania*, cet abominable crime allemand, il
n'en est point qui aient causé une émotion plus vive et
plus générale. Elle s'explique par les circonstances excep-
tionnellement horribles qui ont accompagné cet évènement.
L'admirable tableau de Géricault, exposé au musée du
Louvre et popularisé par la gravure, en a consacré le sou-
venir.

Mais beaucoup de hauts-alpins ignorent, tout comme les
biographes A. Rochas et F. Allemand, que deux de leurs
compatriotes se trouvaient parmi les personnes embarquées sur le malheureux navire ; que l'un d'eux compta
parmi les rares survivants de la catastrophe ; qu'il joua

*J'ai trouvé aux Archives départementales, dans la collection Paul
Guillemin, les documents et renseignements sur lesquels repose mon
article. Les lecteurs qui voudraient des détails complémentaires pour-
ront consulter notamment le *Naufrage de la Méduse* par A. Corréard,
ingénieur géographe, et H. Savigny, chirurgien de marine, médecin.
4e édition. Paris, Corréard, libraire, 1821. In-8°, 508 pages.

dans le drame un rôle important ; qu'il en a écrit et publié le récit. J'ai pensé qu'il ne serait pas sans intérêt de rappeler ces faits.

**

350 ans environ avant l'ère chrétienne, Euthymène, fameux astronome, originaire de Marseille, reconnut, dit-on, l'embouchure du Sénégal. Il est en tout cas certain que, dès avant le XIVe siècle, les Français avaient fondé des comptoirs dans la région de ce fleuve. En 1758, les Anglais s'emparèrent des établissements que nous avions créés. Une vingtaine d'années après, nous rentrâmes en possession et nos droits furent consacrés par le traité de paix conclu le 5 septembre 1782 entre la France et l'Angleterre. En 1808, les Anglais nous reprirent la colonie. Elle nous fut restituée par les traités de 1814 et 1815 confirmant celui de 1782 dans toute sa teneur.

Les droits des deux nations ainsi réglés, la France voulut rentrer effectivement dans ses possessions et jouir de leurs avantages. Le ministère de la marine organisa une expédition de quatre voiles et ordonna qu'elle fît route vers le Sénégal.

Le plus important des navires qui la composaient, la frégate la *Méduse,* armée de quatorze canons, portait environ quatre cents personnes, parmi lesquelles figuraient le futur gouverneur de la colonie, Smaltz, accompagné de sa femme et de ses filles, et le commandant en chef de l'escadre, Hugues Duroys de Chaumareys, capitaine de frégate. Il avait été lieutenant de vaisseau avant 1793 ; mais, ayant émigré, il avait cessé, depuis plus de vingt-cinq ans, d'exercer sa profession. C'était, de plus, un homme d'esprit léger, insouciant et très égoïste. Il s'était fait accompagner d'un officier étranger à son état-major, nommé Richefort, et c'était de lui qu'il prenait conseil, pour ne pas laisser voir toute son inexpérience à ses subordonnés. Or ce Richefort était lui-même peu compétent et d'une présomption excessive.

Sur la *Méduse* se trouvaient également des passagers

qui nous intéressent plus particulièrement. Je veux dire, d'abord, Alexandre Corréard, ingénieur géographe, chargé par le Gouvernement de reconnaître sur le cap Vert ou dans les environs, un lieu propre à l'établissement d'une colonie. Il était né à Serres le 4 novembre 1788[2]. Jusqu'à la date de son embarquement, nous savons seulement de lui qu'il avait fait ses études au prytanée de Compiègne. Il y avait aussi une femme, accompagnée de son mari, dont le nom est resté ignoré, mais qui était originaire de notre département.

Le 17 juin 1816, l'expédition partit de la rade de l'île d'Aix. La première partie du voyage n'offrit aucun incident digne de remarque. La *Méduse* marchait mieux que les trois autres bâtiments. M. de Chaumareys résolut de les devancer et d'aller directement, à toutes voiles, vers le but. Ses instructions lui prescrivaient, une fois parvenu en face du Sahara, de reconnaître le cap Blanc. Il ne s'inquiéta guère de cet ordre et il y avait déjà longtemps qu'on l'avait dépassé lorsque quelques personnes lui désignèrent comme étant ce cap un nuage à l'horizon. Vainement Corréard « qui savait distinguer un rocher d'un nuage, parce qu'il en avait vu beaucoup dans la région des Alpes où il était né », déclara-t-il que ce n'était « qu'un rocher vaporeux ». On ne voulut pas le croire. Bientôt plusieurs passagers qui connaissaient les dangers

[2] Voici la teneur de son acte de baptême extrait des registres de catholicité de la paroisse de Serres : « Antoine-Alexandre Corréard, fils légitime de Benoît Corréard et de d^lle Elisabeth Nicolas de Meyssas, né le quatre novembre mil sept cent quatre-vingt-huit, a été baptisé le lendemain. Le parrain a été Jean-Antoine Beau et la marraine Marguerite Corréard, sa tante. Présents lesdits père et parrain, soussignés, CORRÉARD, BEAU, ACHARD, curé. »

D'après le *Dictionnaire des contemporains* de VAPEREAU, reproduit par LAROUSSE, Alexandre Corréard aurait eu un frère cadet du nom de Joseph, né en 1792 et mort à Paris en 1870, connu comme écrivain scientifique et comme libraire. Malheureusement les registres de catholicité de Serres ne permettent pas d'attribuer avec certitude aux Hautes-Alpes le personnage ainsi prénommé : aucun des nombreux enfants de Benoît Corréard ne reçut en effet au baptême le prénom de Joseph.

de ces côtes commencèrent à s'alarmer. Ils tenaient pour essentiel d'éviter le banc d'Arguin, qui s'étend à plus de trente lieues au large ; on méprisa leurs avertissements.

Le 2 juillet, dès le matin, on remarqua beaucoup d'herbes autour du navire ; on pêchait des poissons qui s'éloignent peu des côtes ; la couleur de l'eau n'était plus la même. A onze heures et demie, le pilote annonça qu'on entrait sur le banc. Les officiers voulaient retourner en arrière. Richefort, l'homme de confiance du capitaine, affirma qu'il n'y avait pas sujet de s'alarmer. En conséquence, M. de Chaumareys ordonna d'augmenter la voilure. A trois heures un quart de l'après-midi, on ressentit une forte secousse ; la frégate avait touché !

On perdit en essais infructueux pour la dégager non seulement la fin de la journée du 2, mais encore les journées des 3 et 4. Dans la nuit du 4 au 5, le ciel s'obscurcit, le vent s'éleva, la mer grossit. La frégate était de plus en plus violemment secouée. Vers trois heures, le maître calfat vint annoncer qu'une voie d'eau s'était ouverte et que le bâtiment allait s'emplir. La carcasse était fendue ; la quille se brisa en deux parties. Le 5, à la pointe du jour, l'eau ayant déjà pénétré jusqu'à l'entrepont, on décida qu'il fallait abandonner la *Méduse*.

Dix-sept matelots ou passagers ne voulurent pas quitter le navire, par crainte de mourir en route et comptant sur le passage d'un vaisseau qui les sauverait, ou ne le purent vu leur état d'ivresse. Cinquante-deux jours après, trois d'entre eux furent retrouvés survivants par la goëlette l'*Argus*, envoyée à leur secours.

Il y avait à bord six embarcations. C'était insuffisant pour contenir quatre cents personnes. Le plus grand nombre s'embarqua dans les canots. Ceux-là parvinrent presque tous à Saint-Louis, après une traversée plus ou moins pénible. Quelques-uns abordèrent sur les rivages du Sahara et n'achevèrent leur voyage qu'après d'émouvantes péripéties ; mais le récit de leurs aventures m'entraînerait trop loin, et, d'ailleurs, sortirait de mon sujet.

Depuis quarante-huit heures on avait préparé un radeau, long de 20 m., large de sept. Deux mâts de hune formaient les pièces principales et étaient placés sur les côtés ; quatre autres mâts, dont deux de même longueur et de même force que les premiers, étaient réunis deux à deux au centre de la machine. Des planches clouées par dessus ce premier plan formèrent une espèce de parquet. Le tout était monté sur des tonneaux vides, hermétiquement bouchés. Ce radeau était bien conçu dans son plan, mais mal construit, et l'on avait négligé d'y mettre, sur les côtés, des garde-fous et des rebords, de sorte que la moindre vague, en déferlant, le balayait.

Vers sept heures du matin, le 5 juillet, on fit descendre sur le radeau 122 militaires, officiers et soldats de terre, puis 29 marins et passagers civils, parmi lesquels Alexandre Corréard, et une femme, notre compatriote, en tout 152 personnes. Corréard devait prendre place dans une des embarcations ; mais douze des ouvriers qu'il commandait ayant été désignés pour le radeau, il crut de son devoir de ne pas se séparer de la majeure partie de ceux qui lui avaient été confiés et qui avaient promis de le suivre partout où l'exigerait le besoin du service.

A peine cinquante hommes y furent-ils descendus que le radeau s'enfonça de plus d'un pied et la submersion continua à mesure que l'embarquement se poursuivait. « Il était impossible, écrit Corréard, de faire un pas sur le radeau ; il s'était enfoncé au moins de trois pieds sur l'avant et, sur l'arrière, on avait de l'eau jusqu'à la ceinture. On avait placé sur le radeau beaucoup de quarts de farine, cinq barriques de vin et deux pièces à eau. On avait omis d'y mettre un seul biscuit. Au moment où nous débarquions de la frégate, on nous jeta du bord à peu près vingt-cinq livres de biscuit dans un sac qui tomba à la mer. On l'en retira avec peine ; il ne formait plus qu'une pâte ; nous le conservâmes néanmoins dans cet état. »

Enfin, le signal du départ fut donné. Le radeau, remorqué par les six embarcations, s'éloigna de la frégate aux cris de : *Vive le Roi !* On avait assez bon courage : les dunes du Sahara n'étaient pas à plus de douze lieues et les commandants des bateaux avaient juré de ne pas abandonner le radeau. On devait se sauver tous ou périr tous ensemble. Mais à peine était-on arrivé à deux lieues de la *Méduse* qu'il se produisit une confusion parmi les embarcations. Une chaloupe trop chargée cherchait à faire entrer une partie de son personnel dans une autre. L'un des canots, placé le troisième, pour éviter un choc, abandonna la remorque en sorte que le radeau ne fut plus tiré que par deux bateaux. Bientôt leurs équipages se voyant seuls, se découragèrent. Les dernières remorques se cassèrent-elles ou furent-elles lâchées volontairement ? Corréard se prononce sans hésiter pour la seconde hypothèse et prétend même que plusieurs de ses compagnons d'infortune entendirent distinctement ces mots : « nous les abandonnons. »

Je laisse maintenant la parole à notre compatriote :

« Après la disparition des embarcations, dit-il, la consternation fut extrême. Tout ce qu'ont de terrible la soif et la faim se retraça à notre imagination, et nous avions encore à lutter contre un perfide élément qui déjà recouvrait la moitié de nos corps. De la stupeur la plus profonde, les matelots et les soldats passèrent bientôt au désespoir; tous voyaient leur perte infaillible et annonçaient par leurs plaintes les sombres pensées qui les agitaient. Nos discours furent d'abord inutiles pour calmer leurs craintes, que nous partagions cependant avec eux, mais qu'une plus grande force de caractère nous faisait dissimuler. Enfin, une contenance ferme, des propos consolants, parvinrent à les calmer; mais ils ne purent entièrement dissiper la terreur dont ils étaient frappés......

« Nous étions tous partis du bord sans avoir pris aucune nourriture; la faim commença à se faire sentir impérieusement. Nous mêlâmes notre pâte de biscuit marinée avec un peu de vin et nous la distribuâmes ainsi préparée.

Tel fut notre premier repas et le meilleur que nous fîmes pendant tout notre séjour sur le radeau.

« Le soir, nos cœurs et nos vœux, par un sentiment naturel aux infortunés, se portèrent vers le ciel. Il faut avoir éprouvé des situations cruelles pour s'imaginer quel charme, au sein même du malheur, peut offrir l'idée sublime d'un Dieu protecteur de l'infortune. Une pensée consolante berçait encore nos imaginations : nous présumions que la petite division avait fait route pour l'île d'Arguin et, qu'après y avoir déposé une partie de son monde, elle reviendrait à notre secours. La nuit arriva sans que nos espérances fussent remplies; le vent fraîchit, la mer grossit considérablement. Quelle nuit affreuse! Les cris des hommes se mêlaient au bruit des flots tandis qu'une mer terrible nous soulevait à chaque instant de dessus le radeau et menaçait de nous entraîner.

« Vers les sept heures du matin, le vent souffla avec moins de fureur; mais quel spectacle vint s'offrir à nos regards! Dix ou douze malheureux, ayant les extrémités inférieures engagées dans les séparations que laissaient entre elles les pièces du radeau, n'avaient pu se dégager et avaient perdu la vie; plusieurs autres avaient été enlevés par la violence de la mer. Il nous manquait vingt hommes. Nous étions loin dans ce moment de prévoir la scène bien autrement terrible qui devait avoir lieu la nuit suivante.

« Le jour fut beau et la tranquillité la plus parfaite régna sur notre radeau. Le soir vint et les embarcations ne parurent point. Le découragement recommença à s'emparer de tous nos hommes et, dès lors, l'esprit séditieux se manifesta par des cris de rage; la voix des chefs fut entièrement méconnue. La nuit survenue, le ciel se couvrit de nuages épais. Le vent, qui, toute la journée, avait soufflé avec assez de violence, se déchaîna et souleva la mer, qui, dans un instant, fut extrêmement grosse. La nuit précédente avait été affreuse; celle-ci fut plus horrible encore. Des montagnes d'eau nous couvraient à chaque instant et venaient se briser avec fureur au milieu de nous. La lame,

qui nous venait à peu près du travers, donnait à notre radeau une position presque perpendiculaire, en sorte que,
pour faire contrepoids, on était obligé de se précipiter sur
le côté soulevé par la mer. Les soldats et les matelots,
effrayés par la présence d'un danger presqu'inévitable, ne
doutèrent plus qu'ils fussent arrivés à leur dernière heure.
Ils résolurent d'adoucir leurs derniers moments en buvant
jusqu'à perdre la raison.

« Les fumées du vin ne tardèrent pas à porter le désor-
dre dans des cerveaux déjà affaiblis par la présence du
danger et par le défaut d'aliment. Ainsi excités, ces hommes, devenus sourds à la voix de la raison, voulurent entraîner dans une perte commune leurs compagnons d'infortune; ils manifestèrent hautement l'intention de se
défaire des chefs qui, disaient-ils, voulaient mettre obsta-
cle à leur dessein, et de détruire ensuite le radeau en cou-
pant les amarrages qui en unissaient les différentes parties.
Un d'eux s'avança, armé d'une hache, et commençait déjà
à frapper sur les liens. Ce fut le signal de la révolte. Des
officiers s'avancèrent pour retenir ces forcenés. Celui qui
était armé de la hache dont il osa les menacer fut tué d'un
coup de sabre. Cet homme était asiatique et soldat dans
un régiment colonial. Une taille colossale, les cheveux
courts, le nez extrêmement gros, une bouche énorme et un
teint basané, lui donnaient un air hideux. Les révoltés
tirèrent leurs sabres et ceux qui n'en avaient point s'ar-
mèrent de couteaux. Nous nous mîmes en défense. Un des
rebelles leva le fer sur un officier. Il tomba à l'instant
percé de coups. Bientôt le combat devient général, le mât
se brise et peu s'en faut qu'il ne casse la cuisse au capitaine Dupont, notre commandant, qui reste sans connais-
sance. Les soldats se saisissent de lui et le jettent à la mer.
Nous nous en apercevons et nous le sauvons. Nous le dé-
posons sur une barrique d'où il est arraché par les séditieux qui cherchent à lui crever les yeux avec un canif.
Excités par tant de cruauté, nous ne gardons plus de mé-
nagement. Nous chargeons les révoltés avec furie. Nous
traversons, le sabre à la main, les lignes qu'ils forment, et

plusieurs payent de leur vie un instant d'égarement. Les
autres se jetèrent alors à nos genoux et nous demandèrent
un pardon qui leur fut à l'instant accordé.

« Nous crûmes l'ordre rétabli et nous revînmes à notre
poste au centre du radeau; mais après quelques heures
d'une tranquillité apparente, les soldats se soulevèrent de
nouveau; leur esprit était entièrement aliéné. Ils nous atta-
quèrent, nous les chargeâmes à notre tour et bientôt le
radeau fut jonché de cadavres. Ceux de nos adversaires
qui n'avaient point d'armes, cherchaient à nous déchirer
avec leurs dents, plusieurs de nous furent cruellement
mordus. Je le fus moi-même aux jambes et aux épaules.
Nous n'étions pas plus de douze ou quinze pour résister
à cette troupe de furieux; mais notre union fit notre force.

« Le jour vint enfin éclairer cette scène d'horreur. Un
grand nombre de ces insensés s'était précipité à la mer.
Au matin, nous trouvâmes que soixante-cinq hommes
avaient péri pendant la nuit. Nous n'avions perdu que
deux des nôtres et pas un seul officier.... »

✲✲

Au cours de cette nuit tragique, un incident s'était pro-
duit qui mérite d'être raconté. Pendant une accalmie de la
bataille, une voix lamentable s'était fait entendre. C'était
celle de la pauvre femme jetée à la mer par les furieux,
ainsi que son mari qui l'avait courageusement défendue.
Corréard, désespéré de voir périr ces deux infortunés,
sauta dans les flots pour en retirer la femme qui ne cessait
d'invoquer le secours de Notre-Dame du Laus, tandis que
le mari était sauvé par un camarade dévoué. Ces deux malheureux furent assis sur des corps morts et adossés à une
barrique. Au bout de quelques instants, ils reprirent leurs
sens. Le premier mouvement de la femme fut de s'infor-
mer du nom de celui qui l'avait sauvée et de lui en expri-
mer sa reconnaissance. Ces deux époux, qui s'étaient vus
tout à l'heure criblés de coups de sabre et de baïonnette,
et précipités dans les flots, en croyaient à peine leurs sens

en se retrouvant dans les bras l'un de l'autre. Ils sentaient et exprimaient si vivement cette félicité dont ils devaient, hélas ! si peu jouir, que ce spectacle touchant aurait arraché des larmes au cœur le plus insensible ; mais, dans cet affreux moment où il fallait être continuellement sur ses gardes contre la violence des hommes et la fureur des flots, peu des spectateurs de cette scène conjugale eurent le loisir de s'en laisser attendrir.

Toutefois Corréard, entendant la femme se recommander encore, comme elle l'avait fait dans la mer, à Notre-Dame du Laus, en lui disant à chaque instant : « Bonne Notre-Dame du Laus, ne nous abandonnez point », se rappela qu'il existait dans le département des Hautes-Alpes un pèlerinage de ce nom, et lui demanda si elle était de ce pays. Elle lui répondit affirmativement, et ajouta qu'elle en était sortie depuis vingt-quatre ans ; que, depuis cette époque, elle avait fait, comme cantinière, les campagnes d'Italie, etc. « Ainsi, poursuivit-elle, conservez-moi la vie. Vous voyez que je suis une femme utile. Si vous saviez combien de fois, moi aussi, sur le champ de bataille, j'ai affronté la mort pour porter du secours à nos braves... » L'idée de devoir la vie à des Français semblait ajouter encore à son bonheur. L'infortunée ! elle ne prévoyait pas quel sort affreux lui était réservé.

✲
✲ ✲

Il n'y avait plus sur le radeau que soixante-sept vivants et sur ce nombre beaucoup étaient à demi morts par suite de la fièvre, du froid ou des souffrances que leur causaient leurs blessures. Bientôt on découvrit un nouveau malheur. Les rebelles, pendant le tumulte, avaient jeté à la mer deux barriques de vin et les deux seules pièces à eau qu'on eût embarquées. Il ne restait qu'un tonneau de vin. La nécessité s'imposa de ne plus donner que des demi-rations. Le mécontentement fut complet lorsque l'on s'aperçut qu'il ne restait ni biscuits, ni farine. La faim torturait les naufragés qui, pour la plupart, n'avaient pas mangé depuis l'avant-veille au matin et ne s'étaient soutenus qu'en avalant un ignoble breuvage composé d'eau et de farine délayée qui avait donné à tous d'effroyables coliques et des crampes d'estomac.

En outre, « la folie des naufragés », qui est une forme de démence cataloguée par la science, s'était emparée de quelques-uns. Comme en extase, ils se figuraient voir dans le ciel des choses étranges, des scènes de meurtre et de carnage ou des femmes aux formes adorables, qui leur envoyaient des baisers. Parfois aussi ils croyaient voir un navire sauveur et, pour y aborder plus vite, ils se jetaient à l'eau. Des hommes allaient, de ci de là, sur le radeau, l'œil hagard, prononçant des paroles sans suite. L'un d'eux, armé d'un couteau, se précipita sur un cadavre et lui enleva un morceau de la joue, qu'ils se mit à dévorer. Aussitôt, comme si cet exemple avait été contagieux, une dizaine de soldats se jetèrent sur les corps de leurs camarades tués pendant le combat de la nuit, et, les ayant déshabillés, les coupèrent par morceaux. Ils vinrent en offrir à leurs officiers. Ceux-ci refusèrent, sans avoir le courage de les dissuader de manger de la chair humaine.

Je cite encore ici Corréard : « Nous ne vîmes dans cet affreux repas qu'un moyen déplorable de conservation, et je proposai, je l'avoue, de faire sécher ces membres sanglants pour les rendre un peu plus supportables au goût.

« Le jour suivant se passa encore sans qu'on vînt à notre secours, et la nuit arriva. Nous prîmes quelques instants d'un repos interrompu par les rêves les plus cruels. Enfin le quatrième soleil, depuis notre départ de la frégate, vint éclairer notre désastre et nous montrer dix ou douze de nos compagnons étendus sans vie sur le radeau. Nous donnâmes à leurs corps la mer pour sépulture, n'en réservant qu'un destiné à nous nourrir.

« Le soir, vers quatre heures, un événement heureux nous apporta quelque consolation. Un banc de poissons volants se jeta sur le radeau. Nous nous précipitâmes sur cette proie et prîmes plus de trois cents poissons. Une once de poudre à canon que nous avions fait sécher — car le soleil était brûlant le jour, si nous gelions la nuit. —, quelques morceaux de linge sec; un briquet, des pierres à fusil et les débris d'un tonneau, nous procurèrent du feu. On fit cuire le poisson, on en mangea avec avidité; mais nous y joignîmes de ces viandes sacrilèges que la cuisson avait rendues supportables et auxquelles, les officiers et moi, touchâmes pour la première fois.

« Depuis que tant de morts avaient été jetés à la mer, le radeau n'enfonçait plus sous les vagues. Nous pouvions nous étendre. La nuit fut belle et nous aurait paru heureuse, si elle n'avait été signalée par un nouveau massacre. Des Espagnols, des Italiens, des nègres, restés neutres dans la première révolte et qui même s'étaient rangés de notre côté, formèrent le complot de nous jeter à la mer. Il fallut prendre les armes. Les séditieux furent repoussés et tout rentra dans l'ordre. Ces malheureux voulaient, en se débarrassant de nous, être les maîtres de ce qui restait de vin. »

*
* *

« Lorsque le jour nous éclaira pour la cinquième fois, nous n'étions plus que trente. Ceux qui survivaient étaient dans l'état le plus déplorable. L'eau de la mer avait enlevé l'épiderme de nos extrémités inférieures; nous étions couverts de contusions et de blessures, qui, irritées par l'eau lorsqu'une vague balayait parfois le radeau, nous arrachaient des cris effroyables, de sorte que, vingt tout au plus d'entre nous, étaient capables de se tenir debout et de marcher. Nous n'avions plus de vin que pour quatre jours et il nous restait à peine une douzaine de poissons!...

« Ainsi arriva le septième jour de notre abandon. Nous calculions que dans le cas où les embarcations n'auraient pas échoué, il leur fallait au moins trois ou quatre fois vingt-quatre heures pour se rendre à Saint-Louis; il leur fallait ensuite le temps d'expédier des navires et à ces navires le temps de nous trouver. Il fut résolu qu'on tiendrait le plus longtemps possible.

« Dans le courant de la journée, un enfant de douze ans, nommé Léon, s'éteignit comme une lampe qui cesse de brûler faute d'aliment. Un peu plus tard, deux militaires s'étaient glissés derrière la seule barrique de vin qui nous restât; ils l'avaient percée et buvaient avec un chalumeau. Nous avions juré que celui qui emploierait de semblables moyens serait puni de mort. Cette loi fut mise à l'instant à exécution, et les deux infracteurs furent jetés à la mer.

« Nous n'étions plus que vingt-sept. Sur ce nombre, quinze paraissaient pouvoir exister encore quelques jours. Tous les autres, couverts de larges blessures, avaient entièrement perdu la raison; cependant ils prenaient part aux distributions et pouvaient, avant leur mort, consommer quarante bouteilles de vin. Ces quarante bouteilles de vin étaient pour nous d'un prix inestimable. On tint conseil : mettre les malades à la demi-ration, c'était reculer leur mort de quelques instants : les laisser sans vivres, c'était la leur donner tout de suite. Après une longue délibération, on décida qu'on les jetterait à la mer. Ce moyen, quelque répugnant qu'il nous parût à nous-mêmes, procurait aux vivants six jours de vivres.

« La délibération prise, qui oserait l'exécuter ? L'habitude de voir la mort prête à fondre sur nous, le désespoir, la certitude de notre perte infaillible sans ce fatal expédient, tout, en un mot, avait endurci nos cœurs devenus insensibles à tout autre sentiment que celui de notre conservation. Trois matelots et un soldat se chargèrent de cette cruelle exécution. Nous détournâmes les yeux et nous versâmes des larmes sur le sort de ces infortunés.

« Parmi eux étaient la misérable cantinière et son mari. Tous deux avaient été gravement blessés dans les différents combats. La femme avait eu une cuisse cassée entre les charpentes du radeau et un coup de sabre avait fait au mari une profonde entaille à la tête. Tout annonçait leur fin prochaine. Nous avons besoin de croire qu'en précipitant le terme de leurs maux notre cruelle résolution n'a raccourci que de quelques instants la mesure de leur existence. Cette femme, cette française, à qui des militaires, des Français donnaient la mer pour tombeau, s'était associée pendant vingt ans aux glorieuses fatigues de nos armées; pendant vingt ans elle avait porté aux braves sur les champs de bataille de nécessaires secours ou de douces consolations. Et elle... c'est toujours au milieu des siens... c'est par les mains des siens... Lecteurs, qui frémissez au cri de l'humanité outragée, rappelez-vous du moins que c'étaient d'autres hommes, d'autres compatriotes, des camarades qui nous avaient mis dans cette affreuse situation. »

Cet expédient horrible sauva les quinze qui restaient.

« Après cette catastrophe, nous jetâmes toutes les armes à la mer; elles nous inspiraient une horreur, dont nous n'étions pas maîtres.

« Nous avions à peine de quoi passer cinq journées sur le radeau; elles furent des plus cruelles. Les caractères étaient aigris; jusque dans les bras du sommeil nous nous représentions le trépas affreux de tous nos malheureux compagnons et nous invoquions la mort à grands cris. Une soif ardente, redoublée par les rayons du soleil, nous dévorait. Nous cherchâmes à nous désaltérer en buvant de l'eau de mer; ce moyen ne diminuait la soif que pour la rendre plus vive le moment d'après.

« Trois jours se passèrent ainsi dans des angoisses inexprimables. Nous méprisions tellement la vie que plusieurs d'entre nous ne craignaient pas de se baigner à la vue des requins qui entouraient notre radeau.

« Le 17 au matin, le soleil parut dégagé de tous nuages. Après avoir adressé nos prières à l'Eternel, nous partageâmes une partie de notre vin. Chacun savourait avec délices sa faible portion, lorsqu'un capitaine d'infanterie, jetant ses regards à l'horizon, aperçut un navire et nous l'annonça par un cri de joie. La vue de ce bâtiment répandit parmi nous une allégresse difficile à dépeindre. Chacun de nous croyait son salut certain et nous rendîmes à Dieu mille actions de grâces. Cependant des craintes venaient se mêler à nos espérances. Nous redressâmes des cercles de barrique aux extrémités desquels nous fixâmes des mouchoirs de différentes couleurs. Un homme monta au haut du mât et agitait ces petits pavillons[2]. Pendant plus d'une demi-heure nous flottâmes entre l'espoir et la crainte : les uns croyaient voir grossir le navire et les autres assuraient que sa bordée le portait au large de nous. Ces derniers étaient les seuls dont les yeux n'étaient pas fascinés par l'espérance, car le brick disparut. Du délire de la joie nous passâmes à celui de l'abattement et de la douleur...

« Enfin, pour calmer notre désespoir, nous voulûmes chercher quelques consolations dans les bras du sommeil. La veille, nous avions été dévorés par les feux d'un soleil brûlant. Ce jour-ci, pour fuir la vivacité de ses rayons, nous fîmes une tente avec le grand cacatois de la frégate. Dès qu'elle fut dressée, nous nous couchâmes tous dessous. Nous ne pouvions ainsi apercevoir ce qui se passait autour de nous... Après avoir passé deux heures, livrés aux plus cruelles réflexions, le maître canonnier de la frégate voulut aller sur le devant du radeau et sortit de dessous la tente. A peine eut-il mis la tête au dehors qu'il revint à nous poussant un grand cri. La joie était peinte sur son visage ; ses mains étaient étendues vers la mer ; il respirait à peine. Tout ce qu'il put dire, ce fut : *Sauvés ! Voilà le brick qui est sur nous !* Il était en effet tout au plus à une demi-lieue ayant toute ses voiles dehors et gouvernant à venir passer près de nous... »

*
* *

Ce n'est point par hasard que les hôtes du radeau furent rencontrés par l'*Argus*. Les canots portant le gouverneur du Sénégal et le commandant de la *Méduse* étaient, dès le 9 juillet au soir, arrivés à Saint-Louis. On étudia les moyens les plus prompts de secourir les infortunés qu'on

---

[2] C'est cet épisode que Géricault a représenté d'après les indications de Corréard. Celui-ci, debout près du mât, se présente de face et étend le bras gauche vers l'horizon.

avait laissés en arrière et un brick fut envoyé à leur recherche.

Les quinze nauffragés, presque nus, incapables de marcher, furent transportés avec précaution sur le navire. On leur donna du bouillon. On calma le délire de plusieurs d'entre eux. Le 19 juillet, ils étaient débarqués au chef-lieu de notre colonie. La réception qu'ils reçurent fut des plus touchantes. Il n'y eut pas un seul Français, ni un Anglais, qui ne versât des larmes d'attendrissement en les voyant.

Le commandant Brédif, un autre survivant de la *Méduse*, qui, monté sur une des embarcations et ayant abordé aux rivages du désert, était arrivé depuis quelques jours au Sénégal, exprime de la façon suivante, dans un récit de ces événements récemment publié [1], l'impression que lui causèrent les naufragés : « Les quinze malheureux sauvés étaient presque tous fous. Ils craignaient qu'après tout ce qu'ils avaient fait, on ne voulût les fusiller. Un d'eux (Corréard), couvert de blessures, demandait comme grâce d'être jeté à la mer et se fâchait de ce qu'on ne le faisait pas. C'est le plus malade et le seul pour la vie duquel on craint... »

Le commandant Brédif se trompait dans ses pronostics. Cinq des débarqués du radeau moururent peu de jours après. Il n'en survécut que dix, parmi lesquels Corréard.

Cependant le gouverneur anglais, alléguant qu'il n'avait pas reçu d'ordres de son gouvernement, qu'en outre il manquait de navires pour transporter ses troupes et tous les objets appartenant à sa nation, refusa de livrer la colonie, et les officiers et soldats Français reçurent l'injonction de se rendre au camp de Dakar. Ce n'est qu'à la fin de janvier 1817 que les Anglais nous laissèrent le champ libre et quittèrent le Sénégal.

Corréard, trop malade pour suivre ses compatriotes, était resté à l'hôpital de Saint-Louis, où il reçut les soins que nécessitait son état. Un jour, il vit approcher de son

[1] La *Revue de Paris*, nᵒˢ des 1ᵉʳ, 15 juin et 1ᵉʳ juillet 1907.

lit deux jeunes officiers anglais, accompagnés de trois ou quatre esclaves chargés de différents effets. « Recevez, dit l'un d'eux, ces faibles dons. C'est le major Peddy et le capitaine Campbell qui vous les envoient, et nous, Monsieur, nous avons voulu jouir du bonheur de vous les apporter. » Quelques minutes après, le major Peddy entra lui-même dans la salle et serra le malade dans ses bras en versant des larmes.

Les médecins anglais voyant que la santé de Corréard, loin de s'améliorer, semblait au contraire s'affaiblir de plus en plus, le déterminèrent à retourner dans sa patrie. Le 28 novembre au matin, il s'embarqua sur un côtre qui devait le conduire à bord de la flûte la *Loire* en partance pour la France. Il était dans une situation affreuse, exténué par cinq mois de maladie, dévoré par une fièvre brûlante. Il entendit quelqu'un qui disait : « En voilà un qui n'ira jamais jusqu'en France. »

La *Loire* mit à la voile le 1er décembre et aborda à Rochefort le 27 du même mois. Corréard eut pour compagnon, sur le navire, M. de Chaumareys, l'ancien commandant de la *Méduse* qui regagnait la métropole pour être jugé, et qui, le 3 mars suivant, par décision du Conseil maritime, reconnu coupable de l'échouage et de la perte de la *Méduse*, fut condamné à trois ans de prison militaire, à être rayé de la liste des officiers de la marine et à ne plus servir.

*****

Ici ne se terminent pas les mésaventures de l'infortuné Corréard. Il est vrai que celles qui suivirent furent moins tragiques ; mais, quoique d'un ordre différent, on peut les regarder comme dérivant des précédentes.

Le 4 février 1817, se croyant totalement rétabli, il se décida à partir pour Paris ; mais comme ses ressources pécuniaires étaient faibles et qu'il lui fallait faire d'assez fortes dépenses pour s'habiller (car il était presque nu en descendant de la *Loire*), il crut pouvoir faire la route à pied. Parvenu à Poitiers, il dut s'arrêter, et, après s'être reposé trois jours dans cette ville où des personnes charitables prirent soin de lui, il repartit par la diligence et arriva enfin dans la capitale.

Il entreprit immédiatement des démarches pour obtenir, en France ou dans les colonies, un emploi convenable. Il désirait aussi la décoration de la Légion d'honneur qu'on lui avait fait espérer. Évidemment des personnages influents, qu'il avait attaqués sans ménagements dans ses paroles et dans ses écrits, le desservirent en haut lieu. Toutes ses sollicitations demeurèrent infructueuses.

Ce n'est pas impunément qu'un homme traverse une terrible série de souffrances physiques et morales. Les blessures, les maladies, les privations, les désespérances, les horreurs du séjour sur le radeau, tout cela ne pouvait manquer d'agir sur le caractère de Corréard. Son humeur s'en était naturellement aigrie. Il se croyait victime de toutes sortes de persécutions. Certes, ses malheurs lui avaient créé des titres à de justes compensations, et il avait bien le droit de formuler contre ceux dont il estimait avoir à se plaindre de légitimes récriminations; mais, de ce droit, il usa très largement, trop peu convaincu que toutes les vérités ne sont pas toujours bonnes à dire.

Avant même son arrivée à Paris, la relation du naufrage de la *Méduse*, écrite par lui et par son ami Savigny, qui contenait contre beaucoup de gens d'amères critiques, avait été insérée dans le *Journal des Débats*. Il s'efforça vainement de convaincre le ministre de la marine qu'il était étranger à cette publication. Peu après, il adressait aux Chambres des pairs et des députés un mémoire violemment agressif, dans lequel, sans tenir compte de la sentence prononcée contre M. de Chaumareys, il demandait sa condamnation à mort, et requérait des poursuites contre tous les officiers de la *Méduse*, plusieurs autres de la garnison du Sénégal, le gouverneur de cette colonie, l'ex-ministre de la marine, vicomte Dubouchage, pair de France, etc., etc...

Indigné du peu de succès de ses attaques et comprenant

qu'il devait renoncer pour lui-même aux faveurs gouvernementales, il songea à former un établissement de librairie, prit un brevet, et, le 18 juillet 1818, ouvrit, à Paris, un magasin à l'enseigne du *Naufragé de la Méduse*.

Mais son fâcheux tempérament devait lui attirer de nombreux déboires. Il intenta une action en contrefaçon à un concurrent, qui, dans un recueil intitulé *Histoire des naufragés*, avait reproduit sans autorisation ce que contenait de plus intéressant son propre récit. Il perdit son procès en première instance et en appel. Puis, en quarante-trois jours, le ministère public engagea contre lui cinq poursuites devant la Cour d'assises de la Seine. Elles réussirent mieux que les procès qu'il faisait lui-même. Corréard était condamné, le 14 juin 1820, comme prévenu de provocation à la désobéissance aux lois et à la destruction du Gouvernement, pour avoir édité une brochure intitulée *Questions à l'ordre du jour*, à quatre mois d'emprisonnement et mille francs d'amende; le 23 du même mois, pour provocation à un attentat contre la personne du roi, résultant de la publication d'une brochure intitulée *Attention*, à quatre mois de prison et douze cents francs d'amende; le 28 du même mois, pour la brochure ayant pour titre *Le temps qui court*, à trois mois de prison et quatre cents francs d'amende, sous l'inculpation d'outrages à la morale publique et religieuse et aux bonnes mœurs; enfin, le 26 juillet de la même année, pour la distribution d'un ouvrage intitulé *Histoire de la première quinzaine de juin*, incriminé du double délit de provocation à la rébellion et de provocation à la désobéissance aux lois, à quatre mois d'emprisonnement et cinq cents francs d'amende. — Dans son réquisitoire, M. de Vatismesnil, avocat général, l'avait qualifié de grand entrepreneur de la sédition.

Le surlendemain, 28 juillet, à l'occasion d'un écrit dont le titre était *Pièces publiques*, sur la plainte de l'ambassadeur du roi de Portugal, il était de nouveau déféré au jury de la Seine pour offenses envers un souverain étranger. Il raconte en détails les débats de cette affaire et néglige seulement d'en donner le résultat. Il n'en était point à se préoccuper d'une condamnation de plus ou de moins. Ce qui, d'ailleurs, dans toutes ces affaires, paraît l'avoir le plus offusqué, c'est que le ministère public « lui refusa toujours le titre de *Monsieur*, que pourtant il accorda bien à M. Depradt ». Ledit M. Depradt n'était autre que l'archevêque de Malines.

Au milieu de ses tribulations, Corréard avait eu cependant une consolation. Sans parler de l'estime et de la pitié que ses concitoyens accordèrent à sa personne et à ses malheurs, une souscription publique avait été ouverte en faveur *des Naufragés de la Méduse retrouvés sur le radeau et sur la frégate*. Les personnages les plus illustres de tous les partis tinrent à honneur d'y figurer. Je relève sur la liste les noms suivants : S. A. R. le duc de Berry, le duc d'Orléans (depuis Louis-Philippe), le baron de Staël, le duc de La Rochefoucault-Liancourt, le général Lafayette, Lafitte, banquier, membre de la Chambre des députés, Benjamin Constant, Casimir Delavigne, la princesse de Wagram, Manuel, avocat (sans doute le célèbre député de Barcelonnette), M. du Bois Aymé, dont la famille s'est apparentée à celle de nos confrères Itier de Véras, etc., etc. Le montant total de la souscription atteignit 17.252 francs, somme qui, même pour l'époque, ne saurait être considérée comme très élevée, et qui dut apporter aux bénéficiaires plus de satisfaction d'amour propre que de véritable réconfort. Elle ne suffit point, en tout cas, pour permettre à Corréard de solder les condamnations pécuniaires qu'il encourut. Car il va sans dire qu'il s'obstina à ne point payer les amendes qui lui avaient été infligées. Il subit donc, outre la saisie des ouvrages déclarés séditieux, la contrainte par corps et fut écroué à Sainte-Pélagie. « Si l'on m'objecte, écrit-il, que, malgré tous mes maux, je ne suis pas mort en prison, je répondrai que je ne suis pas mort non plus sur le radeau. »

Corréard paraît, toutefois, avoir, en prison, fait de salutaires réflexions et s'être assagi. Ses dernières années furent tranquilles. Il partageait son temps entre la lecture de son auteur favori, Jean-Jacques Rousseau, qu'il cite à

presque toutes les pages de ses ouvrages et dont l'humeur
ombrageuse n'était pas sans analogie avec la sienne, sa
profession et divers travaux littéraires, scientifiques, dont
les principaux sont énumérés en appendice.

En 1825, il avait fondé le *Journal des sciences militaires*; de 1828 à 1830, il publia le *Journal du génie civil, des
sciences et des arts*. Il s'acquit une certaine célébrité comme ingénieur et comme auteur d'études sur les chemins
de fer, dont l'invention était toute récente, les canaux, etc.

Devenu veuf d'Hortense Mirabol, il ressentit un vif cha-
grin de la mort de sa femme. On disait (car toujours il
passa pour un original) qu'il avait dans sa chambre un
mannequin successivement revêtu des différents habits de
la défunte.

Il avait acheté une propriété, dite l'Abbaye des Carmes,
aux Basses-Loges, près de Fontainebleau. C'est là que, le
16 février 1857, à l'âge de soixante-huit ans, il termina
bourgeoisement, dans son lit, une existence au cours de
laquelle il avait couru les plus tragiques et les plus péril-
leuses aventures.

APPENDICE BIBLIOGRAPHIQUE

Voici une liste des principaux ouvrages de Corréard :

Pétition des membres de la commission des condamnés pour causes
politiques, adressée aux deux Chambres. — *Paris, impr. de David*,
1832. In-8°, 20 p.

— Mémoire descriptif et estimatif des ouvrages à exécuter pour
l'ouverture d'un chemin de fer entre Paris et Tours par Versailles,
Rambouillet, Maintenon, Chartres, Bonneval, etc., sur une longueur
de 233.342 mètres, présenté à l'administration des Ponts et Chaussées,
15 février 1835. — *Paris, Mathias*, 1836. In-8°, 176 p.

— Projet de chemin de fer de Paris à Tours par Chartres, mémoire
descriptif et estimatif du deuxième projet de la partie comprise entre
Paris et Versailles, partant du pont des Saints-Pères, ou de la Croix-
Rouge, ou bien enfin de la barrière du Maine, présenté à l'adminis-

tration des Ponts et Chaussées le 30 septembre 1835. — *Ibid.*, 1836.
In-8°, 72 pages et plan.

— Mémoire sur les différents moyens qui peuvent être employés
par l'État pour intervenir dans l'exécution des chemins de fer en
France. — *Ibid.*, 1837. In-8°, 1-92 p.

— Mémoire sur les projets de docks, de canaux maritimes et d'un
port, militaire et marchand, à construire dans la ville de Marseille;
précédé de considérations sur les enquêtes et sur la double nécessité
de l'inamovibilité des membres du conseil général des Ponts et Chaussées et de la publicité des séances. — *Ibid.*, 1837. 2 parties en 1 vol.
in-8° et plan.

— Mémoire sur le projet d'un chemin de fer de Paris à Bordeaux,
partant de l'entrepôt des vins à Paris. — *Ibid.*, 1838. In-4°, 320 p. et
cartes.

— Chemin de fer de Paris à Bordeaux. Note explicative pour
démontrer l'antériorité des projets de M. Corréard sur ceux des ingénieurs de l'administration. — (Paris,) *impr. de H. Fournier*, 1844.
In-4°, 19 p.

— Chemin de fer de Paris à Strasbourg par la vallée de la Marne,
passant par Meaux, et rapport sous le point de vue de l'art et des
produits. — *Paris, Mathias*, 1844. In-8°, 61 pages.

— Mémoire sur la législation de la voirie urbaine et vicinale; de
la nécessité d'en réunir les diverses parties en un seul code et d'or-
ganiser le personnel de cette branche de l'administration publique en
un corps d'ingénieurs voyers. — (Paris,) *impr. de Chassaignon* (s. d.).
In-8°, 64 pages.

Voir au surplus le *Catalogue général de la Bibliothèque nationale*,
t. XXXII, p. 683, *verbo* CORRÉARD (Alexandre) : vingt-sept articles
bibliographiques y sont énumérés.

Comme éditeur, Alexandre Corréard a publié un ouvrage assez
important : PALLADIO (André). *Œuvres complètes*, 3 vol. in-fol.
(1827-1842).

Le récit du *Naufrage de la Méduse*, par Corréard et Savigny
(1re édition), a été traduit en anglais et publié à Londres en 1818. —
Un exemplaire de la 1re édition française, qui manque à la Bibliothèque nationale, se trouve dans la collection Guillemin.